W0295195

REMERCIEMENTS

Mokuba, 18, rue Montmartre, 75001 Paris
Tél. : 01 40 13 81 41

Muji, www.muji.fr

Petit Bateau, www.petit-bateau.com

Directeur éditorial : Christophe Savouré
Directeur de collection : Franck Schmitt
Directeur artistique : Laurent Quellet
Édition : Guillaume Pô
Réalisation graphique : Carlotta Buiatti
Stylisme : Florence Le Maux
Relecture : Camille Bignon
Fabrication : Sabine Marioni

© Groupe Fleurus, Paris 2006
Dépôt légal : mai 2006
Imprimé en France par Clerc
Photogravure : SOSG Rouen

1re édition. N° d'édition : 93787
ISBN 10 : 2-215-07894-4
ISBN 13 : 978-2-215-07894-4

>IDÉES.(MINUTE)*

20

*IDÉES POUR CUSTOMISER SES VÊTEMENTS

florence le maux

photos de frédéric lucano

FLEURUS

>SOMMAIRE.

>TOUT . EN . GLAMOUR .

. BRETELLES . EN . MOUSSELINE .

- **mousseline (30 x 80 cm)**
- **24 cm de ruban (largeur 4 mm)**
- **tube de Gutta pailletée**

Couper deux rectangles de mousseline de 25 cm sur 37 cm. Orner de Gutta pailletée les bords des petits côtés. Laisser sécher et repasser pour la fixer. Couper le ruban en quatre. Placer les deux pièces de mousseline sur les bretelles du débardeur. Nouer les rubans à la base des bretelles, nœud vers l'intérieur. Faire quelques points pour fixer le nœud à la bretelle. Masquer le ruban avec de la Gutta. S'il reste de la mousseline, emprisonner des perles de papier dans une longue bande de chute (faire un nœud au-dessus et en dessous de chaque perle) pour réaliser un collier assorti.

. TOP . À . FRONCÉ . THÉÂTRAL .

- **nuisette à bretelle**
- **6 m de ruban à broder (largeur 5 mm)**
- **aiguille fine à long chas**

Couper le ruban en six. Enfiler chaque segment au point avant sur toute la hauteur de la nuisette : un ruban dans le prolongement de chaque bretelle, et un sur chaque couture des côtés.
Froncer la nuisette en bas, en haut ou sur toute la longueur, au choix.
Nouer le ruban en bas pour stopper les fronces à la hauteur voulue.

02 (BIS)

Fuchsia et plus…

Coudre à petits points avant sur une nuisette un ruban à broder bleu (longueur : 30 cm ; largeur : 4 mm) verticalement sur 5 cm au milieu de la poitrine. Froncer et nouer. De la même façon, faire deux fronces horizontales sous la poitrine avec des rubans orange et vert de mêmes caractéristiques que le premier.

À l'ancienne

Froncer verticalement au coton perlé une nuisette à partir du haut, de façon à créer des bouillonnés généreux espacés de 6 cm environ. Quand la longueur de la nuisette et celle des bouillonnés semblent satisfaisantes, stopper la couture.

02 (BIS)

03

. BAS . ANIMÉS .

- **collant fantaisie épais**
- **3 m de ruban à broder (largeur 7 mm)**
- **6 petits boutons de nacre**
- **aiguille à tapisserie à pointe ronde**

Couper le collant à 15 cm au-dessus du genou. L'enrouler un peu vers l'extérieur et l'ourler de quelques points pour le maintenir ainsi. Couper 80 cm de ruban, le passer à grands points d'environ 1,5 cm dans les mailles, à 4 cm de l'ourlet. Le ruban qui dépasse permet de nouer pour resserrer la jambière autour de la cuisse. Faire de même avec la seconde jambe. Avec des petits morceaux de ruban, attacher trois petits boutons à l'arrière de chaque cheville.

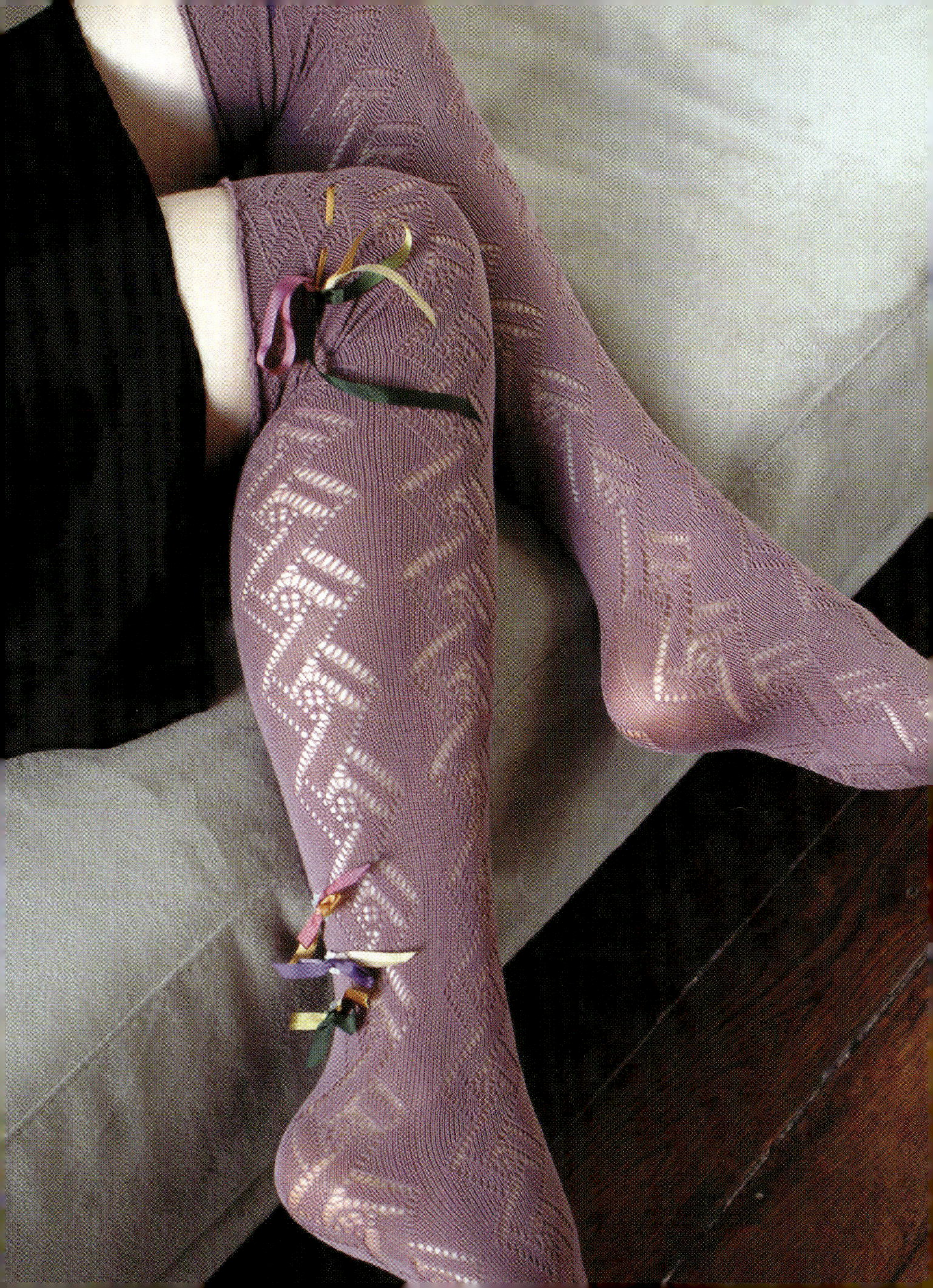

. EFFETS . DE . T-SHIRT .

- T-shirt décolleté à manches 3/4
- rectangle de tulle (25 x 15 cm) pour le décolleté
- 2 rectangles de tulle (35 x 12 cm) pour les manches
- flacon de finition pailletée dorée pour tissu

Plier en deux le rectangle de 25 x 15 cm dans le sens de la longueur. Froncer sur le pli. Placer le tulle ainsi froncé dans le décolleté et le coudre sur l'envers. Le recouper si nécessaire pour arrondir sa forme. Plier en deux dans le sens de la longueur un rectangle de 35 x 12 cm. Le froncer pour en réduire la longueur à celle du poignet des manches. Coudre le tulle au niveau du pli à l'intérieur de la manche. Procéder de même pour la seconde. Enduire le tulle de finition pailletée et laisser sécher. Repasser à fer doux.

05

. CORSAGE . À . PASTILLES . DE . VELOURS .

- haut en voile de coton
- quelques morceaux de velours de couleur
- 30 cm de non-tissé thermocollant double face
- compas ou emporte-pièces ronds de 20, 35 et 50 mm
- papier sulfurisé

Fixer le thermocollant sur l'envers du velours au fer à repasser. Sur la pellicule de protection du thermocollant, dessiner des cercles de 20, 35 et 50 mm de diamètre. Les découper. Retirer les pellicules de protection et poser les pastilles sur le corsage, face thermocollante contre le tissu. Repasser à fer chaud pour les coller, en plaçant une feuille de papier sulfurisé entre le fer et le tissu pour ne pas les brûler.

. CARDIGAN . RAVISSANT .

- T-shirt ras du cou à manches longues
- 50 cm de tissu style Liberty
- 4 petits boutons de nacre
- thermocollant double face pour ourlet

Couper en deux le devant du T-shirt. Découper l'encolure, le bas des manches (trois quarts), un cœur au bas d'une manche et en haut du gilet. Couper deux bandes de tissu de 4 cm de large et de la hauteur du gilet. Placer une bande de thermocollant puis une de tissu sous chaque bord, en laissant dépasser 1 cm de tissu. Repasser à fer chaud. Placer un disque de thermocollant, puis un de tissu sous chaque cœur. Poser une feuille de papier sur le cœur et repasser (le thermocollant superflu restera sur le papier). Fendre le bas des manches sur 6 cm. Rabattre chaque côté vers l'extérieur et maintenir en cousant un bouton. Couper un carré de tissu de 8 cm, le coudre sous la fente en le fronçant un peu. Coudre deux boutons et deux liens de tissu de 15 cm à la base du col.

07

. DE . LA . MANCHE . AU . SAC .

- **manche d'une chemise d'homme**
- **45 cm d'anse en cuir (largeur 10 mm)**
- **2 grands crochets (partie femelle)**
- **2 rivets**
- **strass adhésifs ou thermocollants**

Couper la manche à 42 cm du bord du poignet. Coudre le côté opposé au poignet pour faire le fond du sac. À 28 cm de cette couture, coudre un crochet de chaque côté, sur les plis.
Passer une extrémité de l'anse dans un crochet et fixer par un rivet. Faire de même de l'autre côté. Rabattre le poignet sur le devant. Coller quelques strass sur le sac.

>FANTAISIE.FOLK.

. ÉCHARPE . À . POCHES .

- écharpe longue (130 cm env.) en tricot
- laine à broder rose, verte, turquoise, orange
- assortiment de grosses perles en bois de couleurs et formes différentes

Replier les extrémités de l'écharpe sur 20 cm. Avec la laine, coudre les côtés pour former les poches. Coudre d'une couleur dans un sens et d'une autre couleur dans l'autre sens. Utiliser les deux autres couleurs pour l'autre côté. Faire de même pour la seconde poche. Sur la surface des poches, coudre les perles avec différentes couleurs de laine, en faisant des lignes régulières ou des semis de fleurs. Avec un brin de laine, faire une boutonnière au milieu du bord de chaque poche, et coudre en face sur l'écharpe une perle en guise de bouton.

. BALLERINES . À . RUBANS .

- **paire de ballerines chinoises en velours noir**
- **20 cm de rubans de velours (largeur 15 mm) rose, orange, jaune et bleu**
- **8 boutons de récupération**

Couper les rubans en deux. Coudre de quelques points au ras de la semelle (côté intérieur du pied) un ruban de chaque couleur. Les plaquer sur le dessus de la chaussure parallèlement les uns aux autres. Sur le côté extérieur de la chaussure, fixer l'autre extrémité de chaque ruban avec quelques points à 1 ou 2 cm de la semelle, et coudre un bouton en sorte qu'il masque les points. Couper en pointe le ruban qui dépasse du bouton.

09

(BIS)

Tongs boa-boa

Coller du boa rose sur les lanières d'une tong avec de la colle spéciale pour plastique. Avec du fil de même couleur, fixer le boa à la lanière. Ou encore, avec un pistolet à colle, dessiner une fleur sur du papier sulfurisé et parsemer de paillettes avant que la colle ne sèche. Lorsqu'elle est bien sèche, décoller la fleur. Avec la colle pour plastique, coller la fleur sur la tong et un peu de boa sur le dessus.

Funky kaki

Avec de la colle pour plastique, coller des lignes de paillettes sur les lanières d'une tong ou tout autour de la semelle. Dans ce dernier cas, assurer la tenue en piquant quelques épingles courtes dans les paillettes.

09

(BIS)

10

. LAINE . SUR . LAINE .

- **veste en tricot**
- **laine mèche blanche, rouge, verte, jaune, noire**
- **carré de mousse**
- **aiguille à feutrer fine**

Pour faire un pétale, tirer un peu de laine mèche et former une goutte. La poser sur le tricot et poser le tricot sur la mousse. Piquer la laine avec l'aiguille, sur toute la surface, en repassant de nombreuses fois de façon à incruster la laine dans le tricot. Ce faisant, on peut ajuster ou préciser la forme. Parsemer ainsi une zone de la veste de fleurs composées d'un ou plusieurs pétales, de couleurs variées. Placer une petite boule de laine noire au centre et piquer pour faire le cœur. Lorsque la laine est bien incrustée, le tricot reste lavable dans les mêmes conditions qu'auparavant.

. DÉBARDEUR . À . COLLIER . . EN . TROMPE-L'ŒIL .

- **quelques carrés (8 ou 6 cm) de tissu fin**
- **fil à broder métallisé**
- **ouate**
- **perles (5 mm) ou boutons**
- **tube de perles de rocaille**
- **chaîne cuivrée**
- **ruban à broder**

Arrondir les carrés de tissu. Passer un fil au point avant tout le long du bord, remplir de ouate et tirer sur le fil pour emprisonner la ouate dans le tissu, et ainsi former une boule. Repasser le fil plusieurs fois par le centre de la boule pour l'aplatir un peu tout en formant des quartiers. Coudre une perle ou un bouton au milieu. Faire ainsi six fleurs de tailles différentes. Les coudre au débardeur : trois au bas d'une bretelle, une petite au sommet de l'autre, et deux sous l'encolure. Coudre la chaîne sous la petite fleur, puis au niveau du duo et enfin sous le trio, sans tendre. Le reste pend sur le côté du trio. Entre la petite fleur et le duo, coudre une longueur de perles de rocaille. Entre le duo et le trio, coudre deux rubans. Laisser retomber sur le côté.

12

. NATURE . STYLISÉE .

- jupe en laine
- carrés de 15 cm de laine ou feutrine beige, kaki et brun chiné
- fil à coudre épais écru
- 1 écheveau de laine à broder dégradée beige, violet et brun

Découper les motifs de pétales et de feuilles dans la laine en suivant le patron. Les disposer sur la jupe puis les coudre au point avant avec le fil écru. Broder le contour de la fleur, les nervures des feuilles et les doubles tiges avec la laine à broder. Placer les cercles sur la jupe et sur les pétales, et les coudre avec des points en étoile à partir du centre.

13

. CHEMISE . D'HOMME . À . SMOCKS .

- **chemise d'homme**
- **fil élastique**
- **bouton**

Couper les manches au-dessus du poignet. Enfiler la chemise et placer une épingle au-dessous de la poitrine. À partir de ce repère, coudre le fil élastique au point avant tout autour de la chemise et la froncer jusqu'à l'ajuster. Recommencer à 7 cm et à 14 cm plus bas environ pour marquer la taille. Couper le bas de la chemise à la hauteur voulue. De la même façon, froncer les bras avec trois lignes d'élastique, une au niveau du coude, et une de part et d'autre. Pour faire la fleur, couper des bandes de largeurs différentes dans les chutes de la chemise. Les froncer en corolle et les assembler. Coudre la fleur à la chemise avec un bouton au centre en guise de cœur.

14

. PANIER . HABILLÉ .

- **panier de paille**
- **foulard de soie ou rectangle de soie (30 x 100 cm env.)**
- **20 cm de gros-grain de 5 mm de large**
- **grosse perle en bois**
- **gros fil couleur paille**
- **aiguille de tapissier (adaptée au gros-grain)**

Ôter les poignées du panier. (En option et au préalable, peindre l'intérieur du panier à la peinture à l'huile.) Couper le foulard en deux. Froncer un des deux petits côtés pour le réduire à environ 15 cm. Coudre la soie ainsi froncée à l'intérieur du sac, de chaque côté, avec le fil couleur paille. Nouer pour former la bandoulière. Avec le gros-grain, attacher la perle au milieu d'une des faces du panier. Sur l'autre face, réaliser une boutonnière : faire ressortir une boucle de gros-grain vers l'extérieur du panier et nouer les extrémités à l'intérieur.

15

. D' ICI . ET . D' AILLEURS .

- sac en toile
- toile écrue (21 x 30 cm)
- attaches parisiennes
- 2 figurines miniatures
- 20 cm de fil à broder

Faire transférer dans une boutique spécialisée en reprographie les motifs sur la toile. Découper les images et les fixer au sac avec les attaches parisiennes. Passer le fil à broder dans les figurines et l'attacher à la poignée du sac. Autres méthodes de transfert : scanner les images puis imprimer sur du papier à transfert. Appliquer le transfert sur le tissu en repassant à fer chaud puis retirer la pellicule de protection. Ou bien : faire une photocopie couleur des images. Les enduire de deux couches épaisses de produit à transfert (en flacon). Laisser sécher. Avec de l'eau, enlever la couche de papier pour ne garder que les images plastifiées. Coller ces dernières au tissu avec le même produit et laisser sécher.

VAR
SEINE
PARIS
HAUTE LOIRE
LE PUY
VAUCLUSE
CREUSE

>URBAN.FOLIES.

16

. JEAN . ET . VELOURS .

- **jean**
- **2 m de ruban de velours jaune (largeur 15 mm)**
- **50 cm de ruban de velours orange (largeur 15 mm)**
- **fil bleu jean**

Couper les rubans en deux. Coudre le jaune sur toute la longueur de la couture latérale extérieure du jean, par de petits points discrets de part et d'autre du ruban. Couper l'excédent de ruban en bas et finir la couture. Faire un revers au jean. Comme précédemment, masquer la couture intérieure sur toute la hauteur du revers avec le ruban orange. Faire de même pour l'autre jambe.

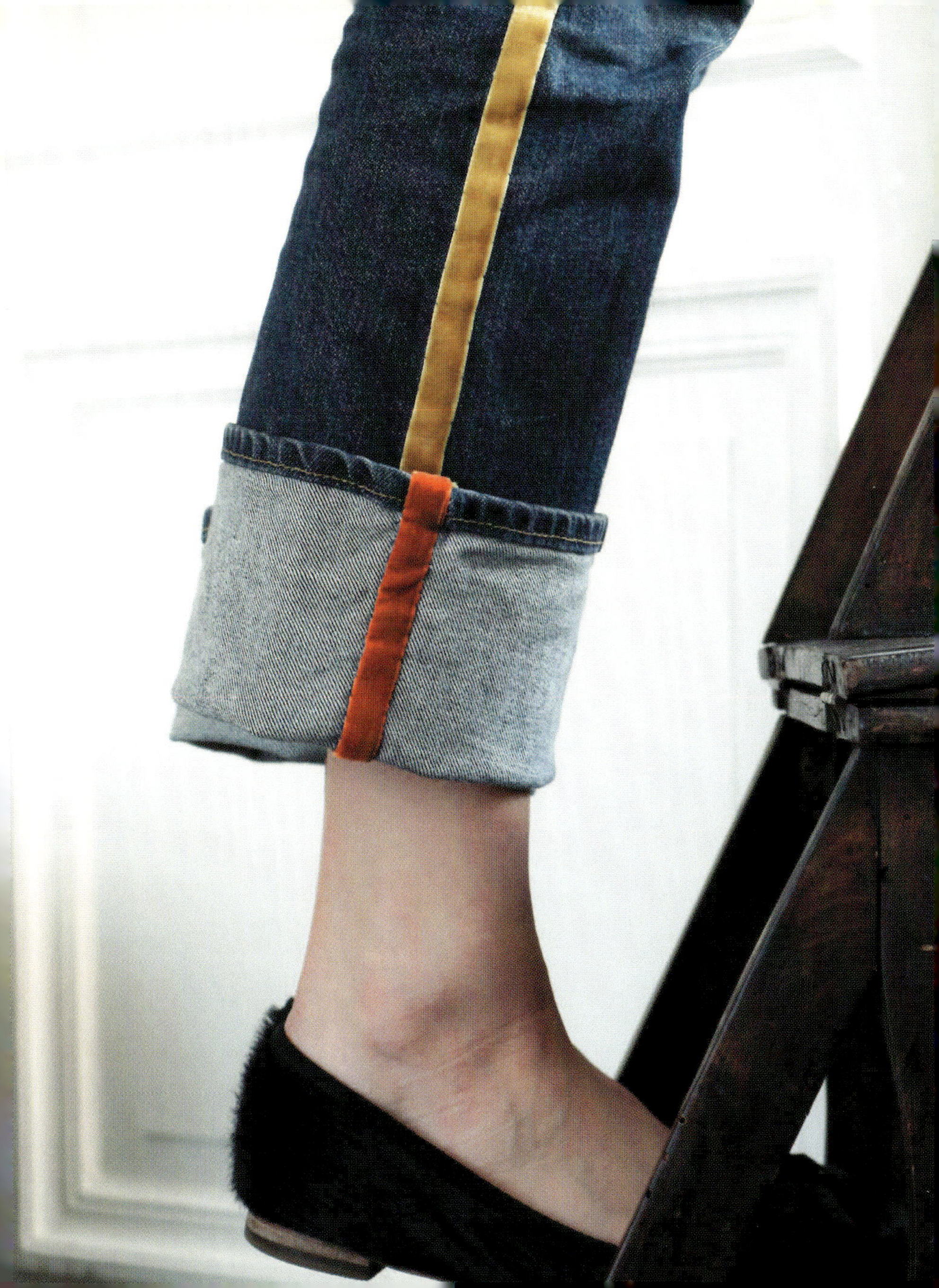

16

(BIS)

Jean de star

Découper en creux les étoiles du patron dans du Rhodoïd pour faire un pochoir. Positionner le pochoir sur le jean. Avec une brosse à pochoir, appliquer de la peinture métallisée pour textile. Faire ainsi un semis d'étoiles au bas de chaque jambe. Laisser sécher puis repasser à fer chaud pour fixer la peinture.

16 (BIS)

Poche fleurie

Dans un motif floral de canevas à broder, découper la forme d'une poche arrière en ajoutant 1 cm tout autour. Replier ce débord et coudre la poche sur (ou à la place de) la poche d'origine avec du fil bleu jean. Au haut de la poche, broder avec de la laine à broder deux lignes au point avant.

17

. PULL . CINTRÉ .

- **gilet droit**
- **laine à broder Médicis rose, vert et bleu**

De chaque côté du gilet et au dos, marquer en relief sur l'endroit avec des épingles trois pinces d'environ 15 cm de hauteur et espacées de 4 cm. Essayer le gilet pour vérifier qu'il est correctement ajusté. Coudre les pinces sur l'endroit avec les différentes couleurs. Démarrer et arrêter les coutures par quelques points visibles.

18

. KAKI . FÉMININ .

- **ceinture en sangle kaki à œillets**
- **140 x 12 cm d'imprimé style Liberty**
- **4 pompons**

Dévisser (ou retirer) la boucle de la ceinture. Passer le tissu dans les rivets dessus-dessous, sans aller jusqu'au bout pour l'un des côtés. Coudre les pompons à chaque extrémité de l'imprimé. Fermer la ceinture en nouant le tissu.

18

(BIS)

Ceinture à poche

Couper une chaussette à 11 cm du bord. Coudre la découpe sur l'envers, puis retourner : c'est la poche. Coudre un mousqueton de chaque côté de la poche. Dans le tissage de la ceinture, fixer deux anneaux espacés selon la largeur de la poche, et y accrocher les mousquetons.

18 (BIS)

Pastel et breloques

Fixer une multitude d'œillets de tailles et couleurs différentes dans une ceinture en sangle rose. Sur une partie de la ceinture, passer quelques chaînes variées dans les œillets en y suspendant des breloques en métal.

. CABAN . AU . FÉMININ .

- parka en toile
- 50 cm d'imprimé type Liberty
- kit de boutons à recouvrir
- 10 cm de gros-grain (largeur 12 mm) ou feutrine

Recouvrir les boutons avec du tissu suivant les indications du fabricant. Couper des bandes d'imprimé et les froncer à la largeur des poches. Les coudre sur le rabat ou juste au-dessus de l'ouverture des poches. Dans l'imprimé, la feutrine ou le gros-grain, couper des rectangles de la même taille que les passants de la ceinture. Les coudre à côté des passants d'origine, droits ou en biais.

20

. BÉRET . TRÈS . PARISIEN .

- **béret**
- **25 cm de tissu argenté**
- **25 cm de thermocollant double face**
- **tube de Gutta pailletée argent**
- **papier sulfurisé**

Fixer le thermocollant sur l'envers du tissu argenté avec le fer à repasser. Reporter les motifs du patron sur la pellicule de protection du thermocollant. Découper les motifs et les disposer sur le béret. Placer dessus une feuille de papier sulfurisé et repasser pour coller les motifs au béret. Avec la Gutta, écrire « I » et « Paris » de chaque côté du motif en cœur.

20 (BIS)

Fleur à bob

Envelopper des billes à sarbacane en papier dans des petits carrés de tissu et fermer d'un nœud de coton à broder. Coudre six ou sept de ces perles de tissu sur le bob pour former une fleur. Laisser dépasser les fils et les débords de tissu.

Casquette chouette

Découper la silhouette d'un tampon (au choix) dans du Rhodoïd, en laissant 5 mm tout autour pour en faire un pochoir. Peindre ce motif dans plusieurs couleurs, avec de la peinture pour textile, sur la casquette. Une fois la peinture sèche, appliquer le tampon sur les formes au pochoir en utilisant un encreur spécial pour tissu. Repasser pour fixer peinture et encre.

20 (BIS)

Cardigan ravissant, p. 20

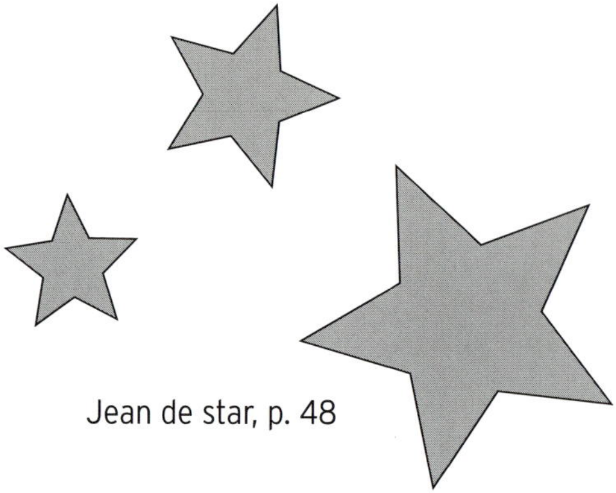

Jean de star, p. 48

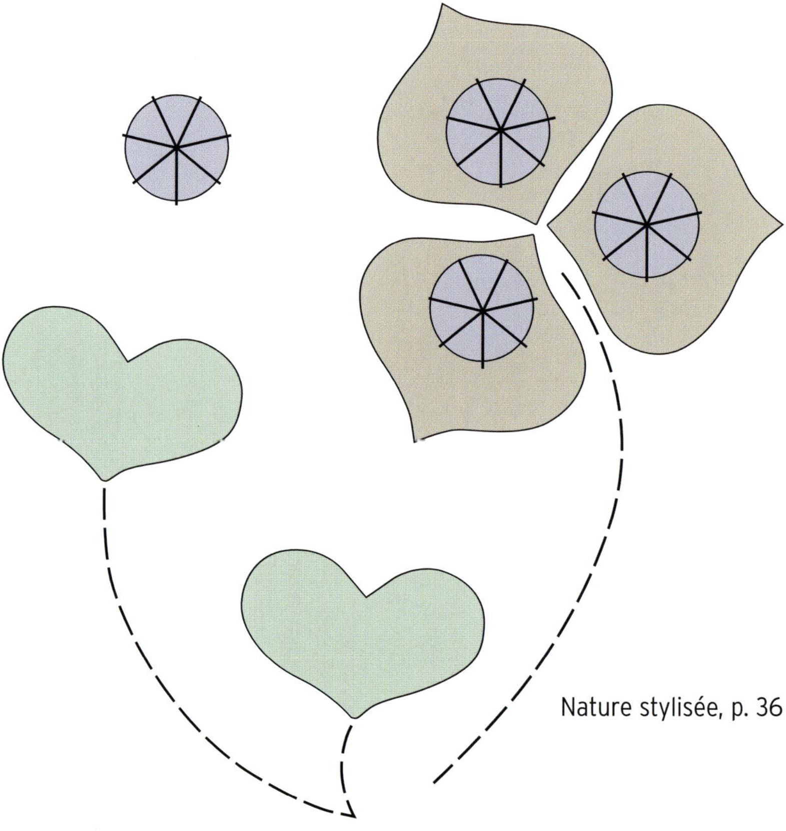

Nature stylisée, p. 36

Béret très parisien, p. 59

I PARIS

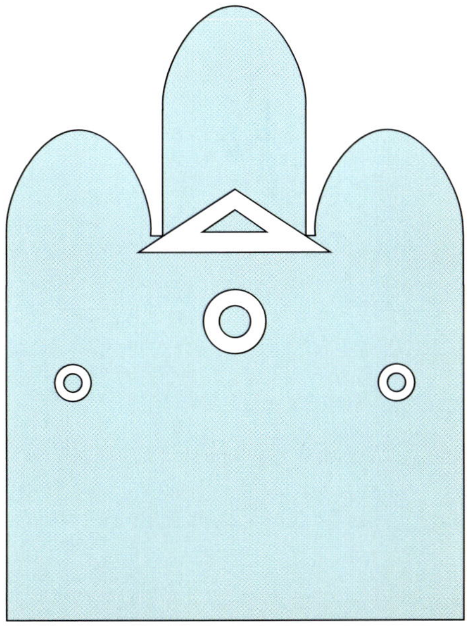

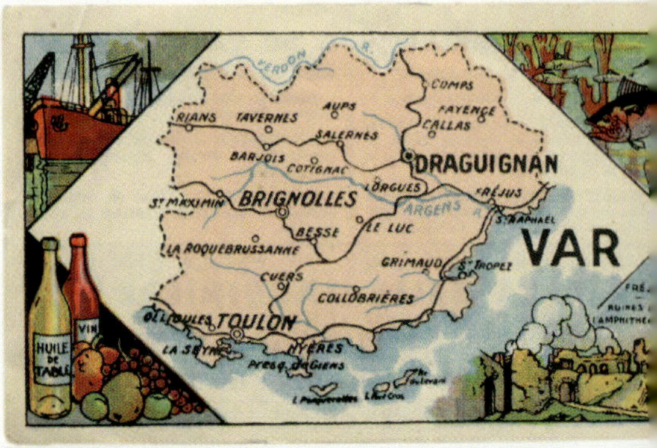

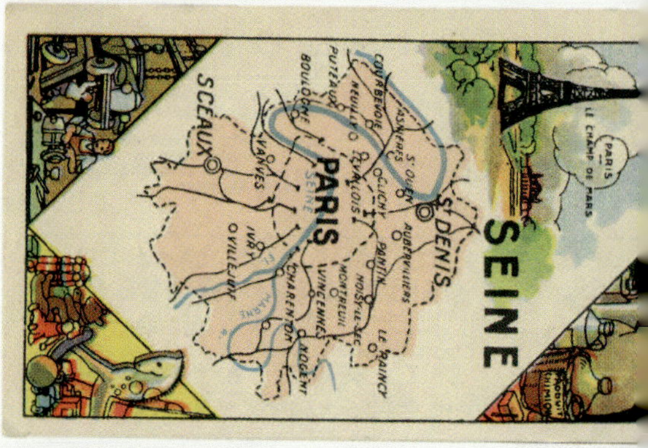

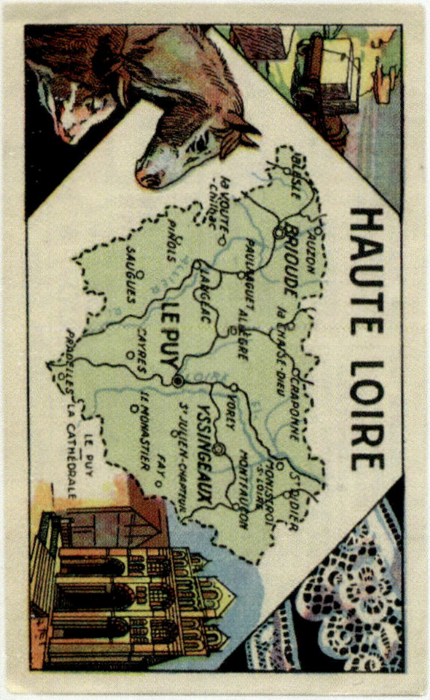

D'ici et d'ailleurs, p. 42